Umschlaggestaltung von Edgar Dambacher
Umschlagzeichnungen von Art Studium
Illustrationen und Originaltexte von Art Studium
Deutsche Texte von Dr. Hilde Nittinger
Titel der Originalausgabe: „Mundo salvaje de los rios y lagos de Africa"
Erschienen bei Ediciones AFHA Internacional, S. A., Barcelona
ISBN 84-201-0235-0 Ediciòn Española
Depòsito Legal B. 1645-1978
© 1977, Art Studium
© 1977, Ediciones AFHA Internacional, S. A., Barcelona

CIP-Kurztitelaufnahme der Deutschen Bibliothek

Tierparadiese Afrikas / Ill. u. Orig.-Texte von
Art Studium. Dt. Texte von Hilde Nittinger. –
Stuttgart : Franckh.
NE: Nittinger, Hilde [Bearb.]; Art Studium
3. Flamingos, Nilpferd, Krokodile ... – 1.
   Aufl. – 1978.
   ([Bunter Kinder-Kosmos] Bunter Bilder-Kosmos)
   ISBN 3-440-04531-5

Der Bunte Bilder-Kosmos
und
der Bunte Kinder-Kosmos
zwei Buchreihen, die Interessantes und Wissenswertes aus Natur und Technik
zeigen. Weitere Bände sind auf der Rückseite dieses Buches abgebildet.

Franckh'sche Verlagshandlung, W. Keller & Co., Stuttgart/1978
Alle Rechte an der deutschsprachigen Ausgabe, insbesondere das Recht der
Vervielfältigung und Verbreitung, vorbehalten. Kein Teil des Werkes darf in
irgendeiner Form (durch Fotokopie, Mikrofilm oder ein anderes Verfahren)
ohne schriftliche Genehmigung des Verlages reproduziert oder unter
Verwendung elektronischer Systeme verarbeitet, vervielfältigt oder verbreitet
werden.
Für die deutschsprachige Ausgabe:
© 1978, Franckh'sche Verlagshandlung, W. Keller & Co., Stuttgart
Printed in Spain/Imprimé en Espagne
LH 9 Ste/ISBN 3-440-04531-5
Satz: Konrad Triltsch, Würzburg/Druck: Emograph, S. A., Barcelona

Bunter Bilder-Kosmos

Tierparadiese Afrikas 3
Flamingos – Nilpferd – Krokodile...

Kosmos · Gesellschaft der Naturfreunde
Franckh'sche Verlagshandlung · Stuttgart

Der afrikanische Kontinent mit seiner reichen und mannigfaltigen Tierwelt ist tiergeographisch in zwei Regionen gegliedert: Der nördliche Teil zählt noch zum Mittelmeerraum, und erst südlich der Sahara beginnt das „tiergeographische" Afrika, die sogenannte Äthiopische Region.

Die bekanntesten Lebensräume dieser Region sind zum einen die tropischen Regenwälder mit ihren Affen und dem seltenen Okapi, zum anderen die Grasländer der Savanne und Steppe mit ihren Antilopenherden und den sie jagenden Großkatzen und schließlich die Wüsten und Bergwälder mit Tierarten, denen durch besondere Anpassung ein Leben unter extremen Bedingungen möglich ist.

Dieses vielseitige Spektrum der afrikanischen Tierwelt wird durch die Tiere, die Flüsse, Seen und Sümpfe bewohnen, vervollständigt.

Das tierische Leben der Gewässer spielt sich in der Flachwasserzone oder am Ufer ab, denn die reißenden Wassermassen der Ströme, die dunklen Tiefen der Seen und das Innere der Sümpfe sind ziemlich lebensfeindlich.

Die Krokodile und die Fluß- oder Nilpferde sind zwar die markantesten Sumpf- und Wasserbewohner, ihren Ruf als Tierparadies verdanken die Feuchtgebiete jedoch den prächtigen und farbenfrohen Wasservögeln. Zu den vielen afrikanischen Vogelarten kommen noch die zahllosen Zugvögel aus dem Norden, die im warmen Afrika den europäischen Winter verbringen. Vergrößert wird die Vogelschar schließlich noch durch die Savannenvögel, die in Ufernähe ihre Nester bauen. Auch andere Trockenlandbewohner, beispielsweise die Elefanten und die Büffel, kommen zum Baden oder zur Tränke ans Wasser.

In der Trockenzeit sind die Feuchtgebiete der einzige Zufluchtsort der afrikanischen Tierherden, dann drängen sich auf engstem Raum Savannentiere und Sumpfbewohner.

Paradies der Wasservögel

Die Schönheit und Lieblichkeit der afrikanischen Seen zeigt sich besonders vor Anbruch der Nacht. In Äquatornähe ist die Dämmerung kurz, und das goldene Licht der untergehenden Sonne liegt nur minutenlang auf den Vögeln, die am Ufer ihre Schlafplätze aufsuchen.
Die afrikanischen Seen sind berühmt für ihre Vogelwelt. Unzählige Wasservögel bevölkern ihre Ufer: Pelikane, Kormorane, Schlangenhalsvögel, Reiher, Scherenschnäbel, Störche, Ibisse, Schreiseeadler und Eisvögel. Ihre Hauptnahrungsquelle sind Fische.
Wie ist es möglich, daß sich ganze Heerscharen von Wasservögeln von Fischen ernähren können? Müßten die Seen nicht längst leergefischt sein? Stehen die Fischfresser in tödlichem Wettbewerb um die Nahrung oder leben sie friedlich nebeneinander?

Lebensraum und Nahrungskette. Der Tierreichtum der afrikanischen Gewässer offenbart sich an den Ufern. Dort tummeln sich Wasservögel — wie die hier abgebildeten Nimmersattstörche — und Krokodile. Denn das Wasser ist nicht nur Lebensraum für solche Tiere, die ständig darin leben, wie z. B. die Fische, sondern auch für die Tiere, die nur zeitweilig im Wasser leben, wie die Flußpferde, Krokodile, Sumpf- und Wasserantilopen und Hunderte von Wasservogelarten.

Für die Savannentiere ist Gras die Nahrungsgrundlage. Die Graspflanze kann, wie alle grünen Pflanzen, aus Wasser, Kohlendioxid der Luft und Mineralien des Bodens, mit Hilfe des Sonnenlichts als Energiequelle, ihre Nahrung selbst erzeugen. Das Gras ist die Hauptnahrung der zahllosen pflanzenfressenden Savannentiere, von denen sich die Fleischfresser ernähren.

In den Gewässern fällt den Algen und dem Pflanzenplankton (mikro-

Das Leben am und im Wasser

skopisch kleinen pflanzlichen Lebewesen) die Rolle der Produzenten zu. Vom Plankton ernähren sich viele wirbellose Wassertiere, beispielsweise Krebstiere und Schnecken, aber auch die Larven der Fische und Frösche. Ja, sogar unter den großen Wasservögeln gibt es Planktonfresser: die Flamingos. Meist ist die Nahrungskette im Wasser jedoch länger und verzweigter, bis schließlich über viele Glieder die Nahrung an die Fische weitergereicht wird.

Das Flußpferd frißt Gras an Land, führt aber seinen Kot dem Wasser zu, wie auch die meisten Vögel. Dieser Kot düngt die Gewässer und fördert das Wachstum des Pflanzenplanktons.
Auch Aasfresser leben in diesem Bereich: Marabu und Krokodil haben diese ökologisch wichtige Rolle inne.

Die Flüsse und Seen Afrikas

1 Rudolf-See
2 Albert-See
3 Edward-See
4 Victoria-See
5 Tanganjika-See
6 Mweru-See
7 Malawi-See (= Nyasa-See)

Durch den afrikanischen Kontinent erstreckt sich in nordsüdlicher Richtung der gewaltigste Grabenbruch der Erde, der als Großes Rift-Tal oder Ostafrikanischer Graben bekannt ist. Dieser Riß in der Erdkruste ist bis zu 1000 Meter tief und 50–60 Kilometer breit. Darin und in den Nebengräben liegen die Seen Ostafrikas. Der Tanganjika- und Malawi-See liegen im Erdriß selbst und sind etwa 1400 Meter tief. Die anderen Seen verdanken ihr Bestehen dem Vulkanismus des Grabenrandes: Durch vulkanische Ablagerungen wurde ihr Abfließen verhindert. Allein der Victoria-See liegt in einem Binnenlandbecken. Nur wenige der ostafrikanischen Seen enthalten reines Süßwasser (Baringo- und Naivasha-See). Viele sind soda- und natronhaltig, einige davon nur ganz leicht (Rudolf-See), andere sind derart hochkonzentrierte Sodalösungen, daß die Soda an den Ufern wie Zuckerguß auskristallisiert (Magadi- und Natron-See). Die Süßwasserseen und die schwach sodahaltigen Seen haben ein reiches tierisches Leben; die Sodaseen hingegen bieten nur für „Spezialisten" Lebensmöglichkeiten, z. B. für Flamingos.

Die großen Wasserfälle. Dort, wo die afrikanischen Hochländer steil zu den Beckenlandschaften oder Grabenbrüchen abfallen, überwinden die Wassermassen der großen Ströme die Höhenunterschiede in Stromschnellen oder Katarakten. Die Victoria-Fälle des Sambesi und die Murchison-Fälle (= Kabalega-Fälle) des Victoria-Nils in Uganda sind für ihre Schönheit berühmt.

Die Flüsse. Der bekannteste und längste Fluß Afrikas ist der Nil. Sein Unterlauf führt durch die Wüsten Ägyptens und des Sudans. Aus dem äthiopischen Hochland kommt der Hauptquellfluß, der Blaue Nil. Der Weiße Nil führt ins ostafrikanische Hochland, wo er mehrere Seen durchfließt, deren Namen er nacheinander trägt.
Der Kongo ist ein Urwaldfluß, der mit seinen vielen Zuflüssen das größte Regenwaldgebiet des afrikanischen Kontinents, das Kongobecken, durchfließt.
Der Niger, der größte Strom in Westafrika, wechselt auf seinem Lauf mehrmals die Klima- und Vegetationszonen von der Wüste bis zum Regenwald.

Die Sümpfe. Die wasserreichen Ströme ufern in den Binnenlandbecken zu riesigen Sumpfgebieten aus; die bekanntesten sind die Nilsümpfe im Sudd und die Sümpfe des Okawanga im nördlichen Kalaharibecken.

Der pflanzenfressende Koloß im Wasser

Flußpferde verbringen den ganzen Tag im Wasser. Erst am Abend steigen sie ans Ufer und marschieren auf ihren kurzen, stämmigen Beinen landeinwärts zu ihren Weideplätzen, wo sie Gras äsen. Bis zu 30 Kilometer legen sie in einer Nacht zurück und suchen erst im Morgengrauen wieder ihre Wohngewässer auf. Man traut es den Kolossen gar nicht zu, daß sie schwimmen und tauchen können. Sogar auf dem Grund seichter Gewässer spazieren sie mühelos umher und können bis zu 10 Minuten unter Wasser bleiben.

Im allgemeinen sind die Tiere am Grund der stets trüben Gewässer nicht zu sehen. Im kristallklaren Wasser der Mzima-Quelle im Tsavo-Nationalpark allerdings kann man die Flußpferde von einem Unterwasser-Stand aus beobachten.

Die Nahrungsquelle der Flußpferde liegt außerhalb des Wassers, auch wenn sie gelegentlich Wasserpflanzen verzehren: Flußpferde sind Grasfresser. Um satt zu werden, frißt ein „Hippo" in einer Nacht etwa 70–80 Kilo Grünzeug. Zur Verwertung dieser schwerverdaulichen Pflanzennahrung hat das Tier einen aus 14 Abschnitten bestehenden Magen und einen 60 Meter langen Darm. Als entfernter Verwandter der Schweine gehört das Flußpferd nicht zu den Wiederkäuern.

Wasserdüngung. Flußpferde liegen in einer trübgelben Brühe, denn sie koten ins Wasser und geben ihrem Badewasser dadurch eine persönliche Duftnote. Zugleich übernehmen sie damit eine wichtige ökologische Rolle: Sie düngen das Wasser und tragen so zum Fischreichtum der afrikanischen Gewässer bei, denn der Dung fördert das Wachstum des Planktons, das die Nahrungsgrundlage der Jungfische ist.

Mit ihren massigen Leibern sorgen die Flußpferde ständig für Wasserumwälzung, wodurch die nährstoffreichen, schlammigen Badetümpel mit Sauerstoff angereichert und die Bildung von Faulschlamm verhindert werden.

Flußpferde nehmen Störungen ihres Badebetriebes durch Boote mitunter übel. Sie greifen dann an und bringen das Boot zum Kentern. Besonders die kälberführenden Weibchen fühlen sich schnell bedroht und zertrümmern mit ihren gewaltigen Kiefern und langen Hauern den vermeintlichen Gegner. Zum Glück konzentriert sich ihre Wut meistens nur auf das Boot, so daß sich die Besatzung unbehelligt an das Ufer retten kann.

Das Familienleben der Flußpferde spielt sich im Wasser ab. Die Herden bestehen aus Weibchen und Jungtieren verschiedenen Alters, die Bullen leben oft in eigenen Gruppen abseits. Zur Paarung kommen die Kühe in die Bullengruppe. Flußpferdkinder werden unter Wasser geboren und auf „Tauchstation" gesäugt, nur zum Luftholen tauchen sie in kurzen Abständen auf.

Die Flußpferde können ihren dünnflüssigen Kot mit dem Schwanz wie mit einem Propeller meterweit verschleudern. Auf diese Weise markieren sie ihre Ausstiege aus dem Wasser und ihre Wechsel an Land. Mit Kotschleudern zeigen sich rivalisierende Bullen, was für Kerle sie sind. Und mit einem Kotschleuder-Zeremoniell wird das paarungswillige Weibchen vom Bullen begrüßt.

Flußpferde oder Nilpferde traf man früher in allen Gewässern der Savannenlandschaften Afrikas an. Heute sind sie außer in den Schutzgebieten fast überall ausgerottet und man erwägt ihre Wiedereinbürgerung, um sie als Fleischlieferant zu nutzen, denn als gute Futterverwerter „produzieren" sie aus dürftigem Trockengras hochwertiges und bekömmliches Fleisch.

Feinde. Ausgewachsene Flußpferde haben keine Feinde; junge Tiere hingegen sind ein Leckerbissen für Krokodile, doch nur selten werden sie von diesen attackiert, denn eine „Hippo"-Mutter bewacht ihr Kalb ständig und vertreibt vorsichtshalber alle Krokodile aus seiner Nähe. Ein wütendes Flußpferdweibchen soll sogar ein großes Krokodil töten können.

Anpassung. Liegt ein Flußpferd ruhig zwischen Schwimmpflanzen im Wasser, so ist nur wenig von dem Tier zu sehen, aber dennoch kann es riechen, atmen, sehen und hören, weil seine Nasenlöcher, Augen und Ohren erhöht auf der Kopfoberseite liegen. Die weißen Kuhreiher benutzen die großen Wassertiere gern als Floß oder suchen deren Haut nach schmarotzenden Insekten ab.

Flußpferde waren die ersten Großtiere, die von den Europäern abgeschossen wurden, und dies in so großer Zahl, daß die Aasfresser den plötzlichen Nahrungssegen nicht mehr bewältigen konnten und die Kadaver im Wasser trieben. Heute leben die Flußpferde in Schutzgebieten, und oft müssen dort Tiere abgeschossen werden, weil sie — zu viele geworden — die Ufervegetation zerstören.

Drohgähnen. Reißt ein „Hippo" sein Maul weit auf wie eine Baggerschaufel, so ist das kein „faules" Gähnen, sondern eine Drohgebärde! Es zeigt seine Hauer und die Bereitschaft, von dieser Waffe Gebrauch zu machen!
Flußpferde lieben es, im Schlamm zu baden. Mit der feuchten Schlammpackung legen sie sich anschließend in die Sonne. Lange direkte Sonnenbestrahlung vertragen sie übrigens nicht, denn ihre Haut ist zwar dick aber nackt.

Angriff. Flußpferde gehen auf festgetretenen Pfaden, ihren Wechseln, zu ihren Äsungsplätzen. An Land fühlt sich ein Flußpferd rasch verunsichert und flieht bei möglicher Gefahr zurück ins sichere Wasser. Ein Zusammentreffen mit einem im 50-Stundenkilometertempo daherstürmenden Koloß kann tödlich ausgehen! Solche Begegnungen sind wohl der Grund, weshalb die einheimischen Massai, die die Wechsel gern benutzen, Flußpferde für sehr gefährlich halten.

Rivalenkampf. Die Bullen tragen ihre Kämpfe an Land und im Wasser aus. Wenn nach anfänglichem Drohgähnen, Brüllen und Kotschleudern keiner den Platz räumen will, schlagen die Kontrahenten mit ihren mächtigen Hauern aufeinander ein. Im Gegensatz zu den Turnierkämpfen rivalisierender Hornträger führen Flußpferde „Beschädigungskämpfe" aus. — die Haut alter Bullen zeugt mit vielen Narben davon. Nicht selten stirbt ein Kämpfer an seinen Verletzungen.

„Netzfischer"

Pelikane gehören zum vertrauten Bild eines ostafrikanischen Sees. Außer dem abgebildeten Rosapelikan lebt dort auch der ihm sehr ähnliche Rotrückenpelikan.

Rosapelikane sind stattliche Vögel mit seidig weißem Gefieder, das in der Brutzeit rosa überhaucht ist. Das auffallendste an einem Pelikan ist der riesige Schnabel, dessen untere Hälfte aus einem Hautsack besteht, der zwischen den beiden Unterkieferästen „aufgehängt" ist.

Segelflug. Obwohl Pelikane etwa 10–12 Kilo schwer sind und am Boden nur unbeholfen watscheln, sind sie gute Flieger. Geschickt nutzen sie die aufsteigende Warmluft über dem Wasser für ihre Flugtechnik. Pelikane sind Segelflieger und ihre Flügelspannweite ist mit knapp drei Metern eine der größten aller Landsegler.
Zum Fischfang versammeln sich die Pelikane weit draußen auf der offenen Seefläche. Dort leben im oberflächennahen Wasserbereich die großen Buntbarsche, ihre wichtigsten Beutefische.

Der Braune Pelikan oder Meerespelikan, der die Meeresküsten bewohnt, stürzt sich beim Fischfang aus dem Flug ins Wasser.
Die afrikanischen Pelikane des Süßwassers fangen ihre Beute im Schwimmen: Unter Wasser dehnt sich der Hautsack zu einer großen Schöpfkelle, in die die Fische wie in ein Fischernetz eingesammelt werden. Diese Fangmethode wird erst durch gemeinsames Fischen perfekt: Zehn bis vierzig Pelikane schwimmen in U-Formation und tauchen „im Takt" ihre Köpfe ins Wasser.

Die Nahrung der Jungpelikane besteht aus vorverdautem Fisch, den die heimkehrenden Elterntiere hochwürgen. Sie müssen nur den Schnabel öffnen, dann taucht das Junge mit dem ganzen Kopf in den tiefen Schlund und holt sich seinen Brocken heraus.
Pelikane nisten gemeinsam in Kolonien weitab von ihren Fanggründen. Auch nach langer Abwesenheit zum Fischfang erkennen die Eltern inmitten der ausgedehnten Brutkolonie ihr eigenes Junges wieder und werden auch von ihm erkannt.

Buntschillernde Fischfänger

Die Eisvögel zählen zu den schönsten Vögeln der afrikanischen Gewässer. Auch der Eisvogel ist ein Fischfänger, seine Fangtechnik ist das Stoßtauchen: Als Operationsbasis dient ihm ein Papyrusstengel, auf dem er lauernd sitzt, um angesichts eines Beutefisches blitzschnell ins Wasser zu stürzen.

Der Beutefisch lebt oft noch und wird erst einmal kräftig gegen ein Schilfrohr geschleudert. Dann wird das Fischchen durch geschicktes Hochwerfen in „mundgerechte" Lage gebracht und verschluckt.

Der Graufischer kann „rüttelnd" wie ein Turmfalke über einem Gewässer in der Luft stehen. Hat er einen Fisch erspäht, stößt er wie ein Pfeil auf ihn hinab.

Der Malachiteisvogel — vom Schnabel bis zur Schwanzspitze nur zehn Zentimeter lang — sitzt wie eine leuchtende Blüte auf den Stengeln der Papyrusstauden. Das Blau ist kein Farbstoff, sondern wird durch die Struktur der Federn hervorgerufen.

Der Krokodilwächter ist ein zutraulicher Vogel und lebt mit sonnenbadenden Krokodilen zusammen auf den Sandbänken der Flußufer. Sie spazieren nicht nur auf dem Rücken der gepanzerten Echsen umher, sondern wagen sich sogar in den geöffneten Rachen und picken dort nach Egeln und Nahrungsresten. Über das Wesen und die Bedeutung dieser Gemeinschaft ist schon viel vermutet und gerätselt worden. Die Vögel befreien die Krokodile nicht nur von lästigen Schmarotzern, sie sollen sogar bei drohender Gefahr mit lautem Ruf warnen, was ihnen den merkwürdigen Namen eingetragen hat.

In Afrika gibt es mehrere Eisvogelarten, darunter auch den hier abgebildeten Europäischen Eisvogel.
Die Bruthöhle gräbt das Eisvogelpaar gemeinsam in die lehmigen Uferwände. In die kahle Höhle am Ende einer meterlangen Röhre werden die Eier abgelegt. Die Jungen schlüpfen nackt, zwar wachsen ihnen bald die Federn, doch ihre Kiele brechen erst auf, kurz bevor sie die Erdhöhle verlassen, und die kleinen Eisvögel sehen solange stachelig aus wie Igel.

Der Marabu — Aufräumer am Ufer

Besonders grotesk wirkt der Marabu, wenn er auf Beutezug im langsamen „Paradeschritt" durch das Flachwasser stapft und nach nestjungen Flamingos oder frischgeschlüpften Krokodilen späht.

Auf den Sandbänken entlang der großen Ströme ist eine groteske Vogelgestalt zu beobachten: der Marabu. Sein Äußeres ist wenig anziehend, denn das graue Gefieder wirkt wie eingestaubt; der Kopf ist kahl und endet in einem unförmigen Schnabel; der Hals ist nackt und vor der Brust baumelt ein rosa Halssack. Diesem Hautsack, der übrigens zusammenschrumpfen kann und dann im schmutzigweißen Halsgefieder verborgen ist, verdankt der Marabu seinen anderen Namen: „Kropfstorch".

Flug. So komisch und grotesk der Marabu an Land erscheint, so anmutig und elegant wirkt er im Flug. Wie alle großen Landsegler hat er sehr breite Flügel, um die Flächenbelastung gering zu halten. Um Wirbelbildungen an den Flügelenden zu vermeiden, werden die Handschwingen gespreizt, und die Luft kann durch die entstehenden Federschlitze strömen. Zum Landen wird die Anzahl der Schlitze, die wie Landeklappen eines Flugzeugs wirken, noch erhöht.

Das Flugbild verrät den Marabu als Storch. Zum Segelflug benötigt er aufsteigende Luftmassen, die erst nach stärkerer Sonneneinstrahlung über dem erwärmten Gelände entstehen; deshalb sieht man ihn niemals schon am frühen Morgen fliegen. Sein Lebensraum ist nicht auf die Uferregion begrenzt, fliegend unternimmt er weite Streifzüge in die Savanne. Dort betätigt er sich nicht als Jäger, sondern als Aasfresser. Er kommt auch in menschliche Siedlungen und durchsucht Müllgruben nach Küchenabfällen.

Was den Marabu zu einem absonderlichen Storch macht, sind seine Anpassungen an das Dasein als Aasfresser: der unbefiederte Hals und Kopf, die ihn unbehindert im Kadaver wühlen lassen, und der starke Greifzangenschnabel, der es erlaubt, die weichen Innereien herauszuziehen.

Der Schreiseeadler

Die Beute des Schreiseeadlers sind kiloschwere Buntbarsche, die er im Tiefflug dicht unter der Wasseroberfläche schlägt: Mit gespreizten Flügeln bremst er kurz seine Geschwindigkeit ab, ergreift den Fisch mit den Fängen, reißt ihn aus dem Wasser und schwingt sich sogleich mit kräftigen Flügelschlägen wieder in die Höhe.
Schreiseeadler leben nur am Wasser. Die größte Kolonie dieses schönen Adlers befindet sich am Naivahsa-See, einem üppig grünen Gebirgssee Ostafrikas.

Am Horst. Die Schreiseeadler horsten auf den höchsten Uferbäumen. Jedes Adlerpaar hat sein eigenes Brut- und Jagdrevier, das sich vom Ufer auf den See hinaus erstreckt. Eigentumsansprüche werden durch lautes Rufen geltend gemacht. Nur die weit draußen liegende, offene Seefläche ist „internationales" Gewässer, wo jeder Adler fischen darf.

Von allen Seeadlern macht der Schreiseeadler am meisten von seiner Stimme Gebrauch, sogar während des Fluges stößt er seinen schrillen Schrei aus, der als charakteristischer Laut der afrikanischen Seenlandschaft gilt und dem Tier den Beinamen „Stimme Afrikas" eingetragen hat.
Der Schreiseeadler schlägt nicht nur Fische, sondern auch Sumpf- und Wasservögel, und er plündert Brutkolonien der Kormorane, Ibisse und Reiher.

Die nestjungen Adler tragen braune Dunen und einen weißen Flaum auf Kopf und Rücken. Die Adlerjungen werden von beiden Eltern gehudert und geatzt. Das Brüten besorgt das Weibchen meistens allein und wird solange vom Männchen mit Futter versorgt.

Die Jungvögel des Schreiseeadlers haben ein einfarbig kastanienbraunes Gefieder. Von Jahr zu Jahr wird es heller, bis sich im fünften Jahr das prächtige, unverwechselbare Federkleid der Altvögel ausgebildet hat. Sobald sich die Jungadler durch Fischjagd selbst ernähren können, werden sie nicht länger im elterlichen Territorium geduldet und müssen sich eigene Wohngebiete suchen.

Antilopen

Von den afrikanischen Antilopen leben einige unmittelbar am Wasser: der Wasserbock, die Kob-Moorantilope, die Litschi-Moorantilope und der Riedbock, die alle zur Antilopenfamilie der Riedböcke gehören. Am stärksten an Sumpf und Wasser angepaßt ist die mit Kudu und Nyala verwandte Sitatunga, die auch Sumpfbock heißt und in den Schilf- und Papyrussümpfen zu Hause ist. Bei Gefahr oder Verfolgung durch Leopard, Hyäne oder Löwe retten sich alle „Wasserantilopen" in die Seen und Flüsse, wie der Defassa-Wasserbock auf diesem Bild.

Der Wasserbock — auch Hirschantilope genannt — ist ein guter Schwimmer. Sein Fell ist lang und strähnig und wird von besonderen Hautdrüsen eingefettet, so daß ihm auch häufiger Aufenthalt im Wasser nicht schaden kann. Von allen wasserliebenden Antilopen ist er am wenigsten an das nasse Element gebunden.

Bei allen Ried- und Wasserböcken tragen nur die Männchen ein Gehörn. Auch bei den Sitatungas, die das untere Bild zeigt, sind die Weibchen hornlos.

Die Hufe der Sitatunga sind fast 20 Zentimeter lang und werden beim Gehen gespreizt. Dadurch wird das Gewicht des Tieres auf eine große Fläche verteilt und ein Einsinken verhindert. Auf festem Boden bewegen sich diese Antilopen sehr unbeholfen, im Schilfdickicht dagegen recht geschickt.

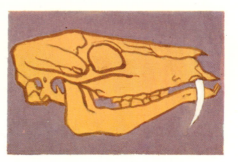

Die Litschi-Moorantilope, die auch Litschi-Wasserbock heißt, lebt im Schilfröhricht und in Gebieten, die regelmäßig überschwemmt werden. Diese Antilope hat fast so lange Hufe wie die Sitatunga und dazu stark spreizbare Nebenhufe. Sie ist eine echte Wasserantilope und ihre Nahrung besteht aus Sumpfgräsern und Wasserpflanzen.
Der weniger ans Wasser gebundene Defassa-Wasserbock ist ein reiner Grasfresser, die wasserabhängige Sitatunga hingegen äst fast nur Sumpfpflanzen und die Sprosse der Papyrusstauden.

Das nur kaninchengroße Wassermoschustier gehört zu den Zwergböckchen, einer seltenen Gruppe von urtümlichen Wiederkäuern, und lebt im Unterholz an den Regenwaldflüssen. Das Männchen hat große obere Eckzähne, die wie Hauer über die Lippen hervorragen. Wassermoschustiere tragen weder Hörner noch Geweih, aber an allen vier Zehen kleine Hufe.

Das Gemeinschaftsleben des Uganda-Kobs ist bekannter als das vieler anderer Antilopen. Die soziale Organisation dieser Art kennt Weibchenherden, Junggesellenrudel und territoriale Böcke. Letztere beziehen zur Paarungszeit ein hügeliges Gelände, die „Arena", und errichten hier Paarungsterritorien, die wie Parzellen nebeneinander liegen. Diese Reviere werden mit Imponieren und Drohen von den Besitzern behauptet und die Reviergrenzen gegenseitig respektiert. In die Nähe kommende, fremde Böcke werden vertrieben. Diese Reviere sind nur Paarungsplätze, zum Äsen und Trinken verlassen die Böcke mehrmals täglich ihre Besitzungen. Wenn die Weibchen zur Paarung in die „Arena" kommen, werden sie von den Böcken mit einem aufwendigen Begrüßungszeremoniell empfangen.

Der Riedbock hält sich tagsüber im Schilf und im Ufergebüsch verborgen, nachts äst er im offenen Grasland. Neben dem „gewöhnlichen" Riedbock gibt es den Großriedbock und den vom Wasser unabhängigen Bergriedbock.

Die Moor-Antilope oder Kob-Antilope lebt in mehreren Unterarten in den feuchten Waldungen. Den unten abgebildeten Uganda-Kob, auch Schwarzfuß-Moorantilope genannt, erkennt man am leuchtend roten Fell.

Flamingos und ihre Seen

Flamingos zählen ihres zart rosa Gefieders und ihrer schlanken Gestalt wegen zu den anmutigsten Vögeln der Welt. Es verwundert nicht, daß der Flamingo für den sagenumwobenen Vogel Phoenix gehalten wurde.

Um so verwunderlicher ist sein Aufenthaltsort, nämlich einer der unwirtlichsten Lebensräume der Erde: die Sodaseen des Rift-Tales mit ihrem ätzenden soda- und natronhaltigen Wasser.

Die Weidegründe der Flamingos liegen im Seichtwasser. Wie aber gelangen sie an die nahrhaften Partikel, die in der ungenießbaren Brühe schwimmen? Sie filtern die ätzende Suppe! Der Flamingoschnabel ist ein riesiger Filterapparat, der zur Nahrungsaufnahme kopfüber ins Wasser gehängt wird (rechts). Die Zunge pumpt das Schlammwasser hindurch und die festen Teilchen bleiben in den Hornlamellen des Schnabelinneren wie in einem Sieb hängen. Dank dieser hochspezialisierten Einrichtung sind die Flamingos die einzigen Nutznießer dieser Nahrungsquelle in den Sodaseen.

Diese — an sich lebensfeindlichen — Sodaseen bieten für bestimmte Blaualgen ideale Wachstumsbedingungen, zum einen ihres hohen Mineraliengehaltes wegen, zum anderen durch die intensive Sonneneinstrahlung bedingt, denn die Sodaseen sind Gebirgsseen. Die Algenproduktion ist so enorm, daß sich im Seichtwasser Algenteppiche bilden, von denen auch winzige, ebenfalls im Wasser schwebende, Krebschen leben. Sodaalgen und Krebsplankton sind die Nahrung der Flamingos.

Flamingos leben nie allein. Alles was ein Flamingo im Laufe seines Lebens unternimmt, geschieht innerhalb der Kolonie. Auch das Brüten ist eine gemeinschaftliche Angelegenheit. Die Flamingonester sind aus Schlick erbaut, den die Vögel aus dem See schöpfen und zu Hügeln auftürmen. An der Sonne trocknen die Schlammburgen, auf die jeweils nur ein einziges Ei gelegt wird.

Die gänseähnlichen Flamingoküken verlassen schon nach wenigen Tagen das Nest und leben zusammen in einer Jungvogelkolonie. Sie müssen noch mehrere Wochen lang gefüttert werden, bis sich ihre komplizierten Schnabelformen ausgebildet haben. Jedes Altvogelpaar füttert nur das eigene Junge, das seinen Lockruf kennt und herbeieilt, während andere Küken nicht darauf reagieren.

Gefiederfarbe. Das Flamingoküken ist noch grauweiß bedunt. Das rosa Gefieder verdanken die ausgewachsenen Vögel ihrer Nahrung, denn sowohl Sodaalgen als auch Krebschen enthalten eine Farbsubstanz, die während der Bildung in die Feder eingelagert wird und ihr die rosa Farbe verleiht.

Der Abstand der Nestburgen beträgt gerade zwei Halslängen, denn eine Halslänge Umkreis beansprucht jedes Tier als sein Eigenrevier. Vor Landräubern wie Schakalen und Hyänen sind die Nester im knöcheltiefen Sodaschlick gut geschützt. Eine ständige Bedrohung hingegen für Gelege und Küken sind die Marabus.

An den Flamingoseen, deren berühmtester der Nakuru-See ist, leben ungefähr drei Millionen Flamingos, die zwei einander ähnlichen Arten angehören: Der Rosaflamingo oder Große Flamingo siebt die winzigen Krebschen im Schlamm des Flachwassers, während der Zwergflamingo, der auch Kleiner Flamingo genannt wird, mit seinem stärker abgeknickten Schnabel und den feineren Sieblamellen im noch flacheren Wasser seine vegetarische Algennahrung siebt. Dank der verschiedenartigen Ernährung leben beide Flamingoarten im gleichen Lebensraum ohne Nahrungswettbewerb zusammen.

Schlaf und Abflug. Flamingos schlafen nach Vogelart mit zurückgebogenem Kopf und oft nur auf einem Bein stehend. Ihre breitgelappten Schwimmfüße verhindern das Einsinken in den schlammigen Grund. Bei Störung fliegen die Flamingos auf: Mit schlagenden Flügeln laufen sie übers Wasser und strecken den Hals weit vor, um beim Abheben die Beine auszubalancieren.

Von Störchen und Ibissen

Der pechschwarze Klaffschnabel gehört zu den Storchenvögeln. Seine Leibspeise sind Sumpfschnecken, die er in seinem dafür spezialisierten Schnabel wie mit einer Schneckenzange hält und dann zerquetscht. Auch wenn der Schnabel fest geschlossen ist, kann man durch seinen vorderen Teil hindurchsehen, erst die Schnabelenden berühren sich wieder. Die Sumpfschnecken leben auf der Muschelpflanze oder Pistia, die auch Wasserkohl genannt wird. Ihre Blattrosetten gehören zu den schwimmenden Pflanzenmatten auf den Seen.

Auch der Nimmersatt ist ein Storch. Weshalb gerade er allein diesen Namen trägt, ist unverständlich, denn gefräßig sind alle Störche.
Mit ihren kräftigen Flügeln schlagen sie eine Strecke lang, um dann wieder im warmen Aufwind zu segeln. Alle Störche sind vollendete Segelflieger und ein malerischer Anblick vor der gewaltigen Kulisse der schneebedeckten Vulkanberge, die den Ostafrikanischen Graben säumen.

Der Sattelstorch ist der größte Storch und wohl auch einer der schönsten. Die gelbe, sattelförmige Schnabelverzierung hat ihm seinen Namen gegeben. Der Aufenthaltsort dieses Storches ist das Flachwasser der Sümpfe, wo er ruhig und bedächtig den Schnabel ins Wasser eintaucht und nach Fröschen, Krebsen und Wasserinsekten tastet.

Der Weißstorch Afrikas ist unser einheimischer, einst als Glücksbringer hochangesehener Klapperstorch, der in Europa den Sommer verbringt und in Afrika überwintert, wo er nur in Ausnahmefällen auch einmal brütet.
Die Flugrouten des Storchs sind besser bekannt als die jedes anderen Zugvogels, denn er ist das klassische Objekt der Vogelzugforschung.

Der Heilige Ibis wurde zur Zeit der Pharaonen in Ägypten als heiliger Vogel verehrt und viele Tempel zeigen sein Bild. Heute ist der bekannte und einst weit verbreitete schwarz-weiße Göttervogel sehr selten geworden.
Der Heilige Ibis ist kein Storch, er gehört zu den Sichlern, die alle einen langen, nach unten gebogenen Schnabel haben, mit dem sie im Uferschlamm nach Nahrhaftem stochern. Die Ibisse ruhen gemeinsam in den Bäumen, die die Seeufer säumen.

In den Papyrussümpfen

Die Sümpfe. Die bekannteste Pflanze des Sumpfröhrichts ist das weltweit verbreitete Schilfrohr; die berühmteste Sumpfpflanze ist eine drei Meter hohe Segge mit wuscheligen Blütenköpfen, der Papyrus, aus dessen Mark die alten Ägypter Papier herstellten. Die im Wind wogenden Röhrichte sehen dicht und begehbar aus, doch es sind floßartige, schwimmende Gebilde aus Pflanzen und Pflanzenresten.

In diesem halbaquatischen Lebensraum ist der Schuhschnabel zu Hause. Der „Sagenvogel vom Nil" zählt ob seines grämlichen Gesichtsausdruckes, seiner Seltenheit und seines scheuen Wesens von jeher zu den geheimnisvollsten Tiergestalten Afrikas und ist unter seinem arabischen Namen „Abu Markub" berühmt geworden.

Eine fliegende Gruppe Schuhschnäbel gehört zu den spektakulärsten Erlebnissen einer Afrikareise. Mit ihren Schnäbeln, die Holzschuhen nicht unähnlich sind, können diese Vögel nach Storchenart klappern. Tatsächlich gehören sie auch in den Verwandtschaftskreis der Störche, haben aber vieles mit den Reihern gemeinsam, z. B. die Eigenschaft, den Kopf beim Fliegen auf den Hals zurückzulegen.

Der Schuhschnabel kann stundenlang reglos auf einem Papyrusfloß stehen und ins Wasser blicken. Plötzlich stößt er blitzschnell mit dem Kopf ins Wasser und packt einen Fisch. Die schlüpfrige Beute wird mit dem Schnabelrand erfaßt und mit dem Schnabelhaken durchbohrt; dann wird sie in eine „mundgerechte" Lage geworfen und abgeschluckt. Die Hauptbeute des Abu Markub sind Lungenfische, Flösselhechte und Welse.

Am Nest. Wütend vertreibt das Schuhschnabelweibchen Störenfriede aus dem Nestbereich. Sie brütet nicht in einer Vogelkolonie, sondern allein. Das Nest wird von ihr im unzugänglichen Papyrussumpf auf erhöhten, trockenen Plätzen aus Pflanzenmaterial erbaut.

Otter auf Unterwasserjagd

Die Otter gehören zu den Mardern und haben sich an das Leben am und im Wasser angepaßt, weshalb man sie auch als „Wassermarder" bezeichnet.

Otter bekommen höchstens zwei Junge, die vier Monate lang gesäugt werden und erst mit zwei Jahren ausgewachsen sind.

Ans Wasser angepaßt. Der lange walzenförmige Körper, der kräftige Ruderschwanz, die Schwimmhäute zwischen den Zehen, die verschließbaren Ohren und das wasserundurchlässige Fell machen den Otter zu einem gewandten Schwimmer und hervorragenden Taucher. Er schwimmt auch in Rückenlage gut und ausdauernd und kann mehrere Minuten unter Wasser bleiben. Die afrikanischen Otterarten sind dem europäischen Fischotter sehr ähnlich.

Auf Unterwasserjagd legt der Otter die Vorderbeine dicht an den Körper und bewegt sich mittels Schwanzschlagen fort. Seine Beutetiere sind Fische, Frösche und Wasservögel.
Der hier abgebildete Kleinkrallenotter oder Fleckenotter ist ein Bewohner der großen afrikanischen Seen.

Der Fingerotter hat weder Krallen noch Schwimmhäute und seine Vorderpfoten sehen wie kleine Hände aus. Das Fell ist dunkel, Bauch und Kehle sind hell. Der Fingerotter ist im Wasser nicht so behende wie der Krallenotter, und seine Nahrung besteht nur zu einem geringen Teil aus flinken Fischen und Vögeln; er knackt mit Vorliebe große Krebse und Muscheln.

Die Welt der Fische

Der Rückenschwimmende Kongowels aus den Urwaldflüssen des Kongobeckens schwimmt mit dem Bauch nach oben und fischt seine Nahrung an der Wasseroberfläche.

Der Lungenfisch überlebt das Austrocknen von Sumpfgewässern, indem er sich in den Grundschlamm eingräbt. Dort ruht er zusammengerollt in einer Schleimkapsel und atmet mit der Schwimmblase Luft, die durch den porösen Kamin am Ende der Kapsel eindringt. Wenn der Regen kommt, befreit sich der Lungenfisch aus seiner Hülle und beginnt wieder ein aktives Leben.

Afrika ist ein Land der Fische. Einerseits leben hier altertümliche Fischgruppen, wie die Flösselhechte, die sonst nirgendwo mehr vorkommen oder die Lungenfische, die nur noch ganz lückenhaft auf der Erde verbreitet sind. Andererseits beherbergt dieser Erdteil Fische, die sich in einer heute noch nicht abgeschlossenen Entwicklung befinden und ständig neue Arten hervorbringen: die Buntbarsche des Tanganjika- und Malawi-Sees.

Die Buntbarsche oder Cichliden sind wegen ihres bunten Schuppenkleides beliebte Aquarienfische und wegen ihrer interessanten Balz- und Brutpflegeformen berühmte „Versuchskaninchen" der Verhaltensbiologie.
Von den 240 Fischarten, die der Malawi-See beherbergt, gehören 200 zu den Cichliden, die bis auf vier alle endemisch sind, d. h. sie kommen nur hier und sonst nirgendwo vor.
▼

Der Schmetterlingsfisch zählt zu den „fliegenden Fischen" des Süßwassers. Er macht Luftsprünge und landet im Gleitflug mit Hilfe der ausgebreiteten „Brustflossenflügel". Sein nach oben zeigendes Maul weist darauf hin, daß er an der Wasseroberfläche fischt; „im Fliegen" fängt er Insekten.

Den Afrikanischen Messerfisch aus dem tropischen Westafrika erkennt man an seiner langen, am Kopf beginnenden Afterflosse und an der fehlenden Rückenflosse.

Fischfang. Die afrikanischen Gewässer beherbergen einen enormen Fischreichtum. Ganz im Gegensatz zur afrikanischen Vogelwelt bleibt die Fischfauna dem Touristen — verständlicherweise — verborgen.

Die Fische sind nicht nur die Nahrungsquelle vieler Wassertiere, sondern sie bereichern auch den Speisezettel der einheimischen Bevölkerung. Die Fische werden vorwiegend in geflochtenen Reusen gefangen, aus denen es kein Entkommen gibt. Der Fang wird gleich am Ufer ausgenommen und gesäubert.

Der Nilflösselhecht ist ein in schlammigen Gewässern lebender, räuberischer Bodenfisch. Bei Sauerstoffmangel kann er wie ein Lungenfisch mit Hilfe seiner Schwimmblase Luft atmen.

Der Elefanten-Rüsselfisch ist ein lebhafter, dämmerungsaktiver Nilhecht, der in dicht bewachsenen Urwaldgewässern Afrikas vorkommt. Seine Rüsselnase ist dazu geeignet, im Schlamm nach Würmern und Krebsen zu stochern.

Zitterwels oder Elektrischer Wels. Die namengebende Eigenschaft dieses Fisches ist seine Geheimwaffe. Er kann Stromstöße bis zu 400 Volt austeilen und damit seine Beute lähmen und töten.

Der Langflossensalmler aus Westafrika ist wegen seiner langausgezogenen Rückenflosse, mit der allerdings nur die Männchen ausgestattet sind, ein beliebter Zierfisch. Der berüchtigste afrikanische Salmler ist der gefräßige Wasserwolf aus den Kongoflüssen.

Der Tapir-Rüsselfisch ist der bekannteste Vertreter der Nilhechte, einer Fischfamilie, die es nur im tropischen Afrika gibt. Sie sind Bodenfische und wühlen mit dem rüsselähnlichen Maul im Gewässergrund nach Würmern. Das „Fischen im Trüben" bereitet ihnen keine Schwierigkeit, denn sie können Hindernisse, Beute und Artgenossen mit Hilfe elektrischer Impulse wie mit einem Radarsystem ausfindig machen. Ein besonderes Organ erzeugt die elektrischen Impulse und sendet sie in rascher Folge. Hochempfindliche Empfangsorgane nehmen elektrische Reize wahr, auch solche von anderen Nilhechten. Da jede Art ihre eigene Frequenz hat, können sich Artgenossen auf diese Weise erkennen.

Der Flösselaal lebt als nachtaktiver Bodenfisch im Unterlauf des Niger und Kongo. Die Flösselaale und Flösselhechte, deren Verbreitung auf Afrika beschränkt ist, sind die einzigen Vertreter der Flössler, die viele ursprüngliche Merkmale haben, die auch die Quastenflosser aufweisen, mit denen sie aber nicht verwandt sind.

Die Prachtkärpflinge sind kleine, maximal zwölf Zentimeter lange Oberflächenfische aus den Gewässern Westafrikas. Die Männchen sind besonders bunt gefärbt und können sogar die Farbe wechseln. Sie sind zu beliebten Zierfischen im Zimmeraquarium geworden.

Die Fiederbartwelse sind mit gefiederten Bartfäden und einem bunten Schuppenkleid ausgestattet. Im Gegensatz zu den meisten anderen Welsen, die unauffällige, träge Bodenfische sind, legen die Fiederbartwelse ein lebhaftes Wesen an den Tag.

Die Tilapia-Arten sind große, stattliche Buntbarsche und Nahrungsgrundlage der größten fischjagenden Wasserbewohner.
Tilapien sind Maulbrüter: Nach dem Ablaichen werden die Eier ins Maul aufgenommen und dort zur Entwicklung gebracht.

Gepanzerte Giganten

Das Krokodil galt lange als unheilbringendes Ungeheuer, das die Schönheit und Harmonie der Vogelparadiese an den afrikanischen Gewässern stört. Krokodile sind in erster Linie Fischfresser mit einer Vorliebe für die allergrößten Fische, die Nilbarsche und Tilapien: Mit ihrem langen Fischfressermaul schnappen sie nach den kiloschweren Gesellen, und die mit spitzen Zähnen bewehrten Kiefer der Krokodile lassen keinen entkommen. Zum Kauen sind solche Kegelzähne allerdings ungeeignet, Krokodile verschlingen ihre Nahrung unzerkleinert.

Im Laufe ihres Lebens ändern Krokodile mehrmals ihre Nahrung: Die frischgeschlüpften Krokodile fressen Spinnen und Wasserinsekten, die jungen fangen Krabben, Schnecken und Fröschchen, und Tiere mittlerer Größe verlegen sich allmählich immer mehr auf Fische und andere Reptilien. Mit zunehmendem Alter kommen auch Säugetiere auf den Speiseplan, und bei einem 4-Meter-Krokodil machen sie etwa die Hälfte der Nahrung aus. Den Säugetieren lauern sie regungslos an der Tränke auf, was den schönen Panzerechsen den Ruf, heimtückisch und böse zu sein, eingebracht hat. Aber auch Aas verschmähen sie nicht und vertilgen alle Kadaver, die auf dem Wasser antreiben. Somit erfüllen die Krokodile eine wichtige ökologische Aufgabe.

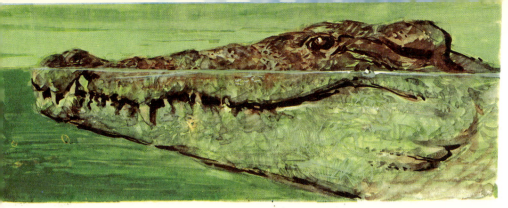

Für den Aufenthalt im Wasser sind Krokodile gut ausgerüstet. Zum Großteil untergetaucht treiben sie wie alte Baumstämme im Wasser und können dennoch ihre Umwelt wahrnehmen und bequem atmen, denn die Sinnesorgane liegen — in gleicher Weise wie beim Flußpferd — erhöht auf der Kopfoberseite. Beim Tauchgang werden die Nasenlöcher verschlossen.

Gelege und Jungkrokodile haben viele Feinde. Trotz der Fürsorge des Krokodilweibchens, das angriffslustig in der Nähe seiner im Sand vergrabenen 25 bis 95 Eier bleibt, sind die Krokodile schon im Ei gefährdet. Noch gefährlicher leben die frischgeschlüpften Tierchen, die von der Krokodilmutter zum Wasser geleitet werden. Sowohl die Eier als auch die Jungkrokodile sind Leckerbissen für den Nilwaran und den Marabu. Sogar von den eigenen Artgenossen werden die kleinen Krokodile verspeist.

Rivalen. Die großen Krokodile behaupten die Plätze zum Sonnenbaden und andere beliebte Aufenthaltsorte notfalls durch Kampf. Besonders zur Paarungszeit sind sie stark ortsgebunden und attackieren die ihnen über den Weg laufenden Artgenossen. Die Männchen können laut brüllen, was andere offensichtlich zur Antwort reizt, so daß an den Ufern wahre Konzerte stattfinden, die sich wie rollender Donner anhören.

Krokodile wachsen langsam. Ein 2,5 Meter langes Reptil ist erst etwa 20 Jahre alt, ein 5-Meter-Krokodil dagegen zählt schon über 100 Jahre! Die heutige Durchschnittsgröße eines Nilkrokodils beträgt nur 3 Meter, denn die großen Exemplare sind längst zu „Krokoleder" verarbeitet worden. Nennenswerte Vorkommen des Nilkrokodils gibt es heute nur noch in wenigen Schutzgebieten.

Eine unvorsichtige Antilope wird an der Tränke überrascht! Ist sie erst einmal ins Wasser gezerrt, wird sie solange untergetaucht, bis sie erstickt. Eine so große Beute teilen sich mehrere Krokodile, indem sie das Opfer in Stücke reißen. An Land gehen die Krokodile hochbeinig auf ihren stämmigen Beinen. Im Wasser legen sie die Beine eng an den Leib und treiben sich mit dem starken Ruderschwanz, der auch eine gefürchtete Schlagwaffe ist, voran.

Als in den Flüssen und Seen die meisten Krokodile abgeschossen waren, gab es merkwürdigerweise auch kaum mehr Fische. Denn die Fischbrut wurde von kleinen Süßwasserkrabben aufgefressen, die ehemals die Hauptnahrung der Jungkrokodile waren.

Temperaturregulierung. Das Rachenaufsperren ist keine Drohgeste, sondern dient der Abkühlung. Krokodile haben die Fähigkeit, ihre Körpertemperatur annähernd konstant zu halten: Durch Änderung ihres Verhaltens im Tagesablauf gleichen sie Schwankungen der Außentemperatur aus. Morgens sonnen sie sich regelmäßig, mittags gehen sie ins Wasser, nachmittags nehmen sie nochmals ein ausgiebiges Sonnenbad und die kühle Nacht verbringen sie im aufgewärmten Wasser.

Echsen und Schlangen

Der Nilwaran bewohnt sowohl das Wasser als auch das Land. Er schwimmt wie ein Krokodil und sonnt sich genauso gerne während der Morgenstunden auf den Sandbänken. Der Nilwaran ist sehr gefräßig und vertilgt Fische, Echsen, Frösche, Jungkrokodile und am liebsten Krokodileier.

Für die Eiablage sucht sich das Nilwaranweibchen einen Termitenbau, der vom Regen aufgeweicht ist, reißt ein Loch hinein, legt die Eier ab und verschwindet. Die Termiten reparieren ihren Bau, und die Waraneier liegen darin wie in einem Brutofen und genießen die gleichmäßig hohe Temperatur und regelmäßige Belüftung, obendrein sind sie dort vor Eiräubern geschützt.

Der Steppenwaran ist ein reiner Landbewohner und kommt in lichten Savannewäldern vor. Normalerweise hält er sich am Boden auf, er klettert aber auch in Fels und Buschwerk, wenn er auf der Suche nach Vogelnestern ist. Der lange Hals und der wehrhafte Schwanz geben allen Waranen ein drachenähnliches Aussehen.

Die Ringelnatter, die in ganz Europa verbreitet ist, kommt auch in Nordwestafrika vor. Sie ist eine Schwimmnatter und bevorzugt stehende Gewässer mit dichtem Pflanzenwuchs. Von der Uferböschung aus stellt sie Fröschen und anderen Lurchen nach, die sie lebend verschlingt. Ringelnattern sind an den beiden gelben Mondflecken am Hinterkopf zu erkennen. Die Oberseite dieser Schlangen ist grünlichschwarz, die Unterseite ist gelblich gefärbt und mit dunklen Flecken versehen.

Sonnenbad. Die Ringelnatter sonnt sich gern am Ufer und mag dabei nicht gestört werden, auch nicht durch eine neugierige Maus. Noch stärker an das Wasser gebunden ist die ebenfalls in Nordafrika beheimatete Vipernatter. Sie ist eine gute Schwimmerin und überfällt Fische und Frösche am Gewässergrund. Beide Schlangen haben keine Giftzähne und gehören zu den harmlosen Nattern. ▼

Das Züngeln ist eine faszinierende Verhaltensweise aller Schlangen, die auf diese Weise ihre Umwelt erkunden, Luft und Boden prüfen, Nahrung untersuchen und Artgenossen ausfindig machen. Mit Hilfe der Zunge gelangen die Duftstoffe der Luft in die Mundhöhle, wo sich am Gaumen das Riechorgan der Schlangen befindet.

Heimliche Jäger am Wasser

Die Mungos oder Mangusten sind kleine, gefräßige Räuber, die praktisch alles fressen, was ihnen über den Weg läuft. Mungos gehören zur Familie der Schleichkatzen. Die bekanntesten Vertreter sind der Indische Mungo, der als Schlangenvertilger berühmt ist und sogar große Kobras überwältigt, und sein ägyptischer „Vetter", der Ichneumon, den die alten Ägypter als heiliges Tier verehrten.

Die Wassermanguste, die auch Sumpfichneumon genannt wird, ist von allen afrikanischen Mangusten am stärksten an das Vorkommen von Wasser gebunden. Das 60 Zentimeter lange Tier hat ein dunkelbraunes, rauhes Fell und einen buschigen Schwanz und ernährt sich vorwiegend von Wassertieren. Auch mit hartschaligen Beutetieren, beispielsweise Schnecken, wird die Wassermanguste fertig: Sie nimmt sie zwischen die Vorderpfoten und schleudert sie so kraftvoll auf den steinigen Boden, daß die Schale aufbricht.

Die Zebramanguste trägt auf dem Rücken ihres braunen Fells helle und dunkle Querstreifen. Sie ist gesellig und streift wie viele Mungoarten bei Tag umher. Von Zeit zu Zeit sichert sie durch „Männchenmachen". Sie bewohnt alte Termitenbaue oder Höhlen und frißt fast alles: Würmer, Insekten, Schnecken, Frösche, Eidechsen, Mäuse, Vogelküken und Eier.

Die große Otterspitzmaus ist ein Bewohner der Gebirgsbäche und Tieflandflüsse in den Regenwaldgebieten Afrikas. Mit ihrem Ruderschwanz ist sie eine behende Schwimmerin und stellt Krebsen, Fröschen und Wasserinsekten nach. Obwohl sie wie ein zu klein geratener Otter aussieht, gehört sie aber doch zur Ordnung der Insektenfresser. Ihr fischotterähnliches Aussehen beruht auf Anpassungen an das Leben im Wasser.

Vom Leben der Frösche

Die Frösche Afrikas sind Ruderfrösche. Es sind Baumfrösche, die unseren Laubfröschen, die ja auch auf Bäumen leben, zum Verwechseln ähnlich sehen.
Einige Ruderfrösche (Gattung Leptopelis) werden Waldsteiger genannt. Sie sind auf Blättern zu finden und an ihren senkrechtstehenden Pupillen zu erkennen.

Ihren Laich legen die Ruderfrösche nicht im Wasser ab, sondern kleben ihn, in eine Schaummasse verpackt, an Schilfhalme, die über das Wasser ragen. Hier entwickeln sich Kaulquappen, zappeln sich frei und fallen in den Tümpel.

Die Riedfrösche sind zierliche, nur zwei bis drei Zentimeter große Ruderfrösche (Gattung Hyperolius). Diese wunderschön gefärbten Fröschchen leben in pflanzenreichen Tümpeln und Sümpfen und sind ein Leckerbissen für junge Wasserschlangen.

Der Krallenfrosch verbringt nicht nur die Laichperiode, sondern sein ganzes Leben im Wasser. Er ist dem Leben „auf Tauchstation" bestens angepaßt und hat Schwimmhäute zwischen den bekrallten Hinterzehen. Zum Luftholen muß er allerdings immer nach oben kommen. Der Krallenfrosch gehört zu einer Gruppe ursprünglicher Froschlurche.

Afrixalus. Die baumbewohnenden Ruderfrösche (Gattung Afrixalus) werden erst bei Nacht munter. Ihren Laich legen die nur zwei bis vier Zentimeter großen Fröschchen auf Blättern ab, die sie dann regelrecht zusammenfalten und rundum zusammenkleben.

Die Blindwühlen sehen aus wie große Regenwürmer. Da sie wühlend im Boden leben und eine geringelte Haut besitzen, werden sie verständlicherweise oft mit Würmern verwechselt. Erst bei genauem Hinsehen entpuppen sie sich als beinlose Amphibien.

Kröten. In Afrika sind mehrere Kröten (Gattung Bufo) beheimatet. Zur Laichzeit stimmen auch sie nach Sonnenuntergang ihren Abendgesang an — wenn auch leiser und zarter als die lärmenden Ruderfrösche.

Kleine Sumpf- und Wasservögel

Der Stelzenläufer lebt an den schwach sodahaltigen Seen Ostafrikas. Seinen Namen verdankt er den phantastisch langen Beinen. Ebenso ungewöhnlich ist sein schwarzer, dünner Schnabel.
Der Stelzenläufer kommt auch in Spanien und vereinzelt in Mitteleuropa vor, und stets bevorzugt er Sümpfe und salzhaltige Seen oder Lagunen. Man könnte ihn für einen zu klein geratenen Weißstorch halten, die Spanier nennen ihn deshalb auch „Störchlein".

Die Löffler sind Verwandte des Ibis, von ihm aber durch den breiten, am Ende löffelartigen Schnabel gut zu unterscheiden. Mit diesem Instrument fahren die Löffler im Halbkreis durch das Sumpfwasser und durchkämmen es nach Kleingetier. Sie sind dabei in Hast und Eile und nicht ruhig und bedächtig wie der Nimmersatt oder der Ibis.
Bei der hier abgebildeten Art handelt es sich um den Europäischen Löffler, der Afrikanische Löffler hat eine rote Gesichtsfarbe und schwarze Beine.

Das Blatthühnchen. Vor und zwischen den Papyrusinseln breitet sich eine schwimmende Pflanzengesellschaft aus: Die Matten der Seerosenblätter mit ihren leuchtend roten Blüten. Diese Seerosenfelder sind der Lebensraum des Blatthühnchens oder Jacanas. Seine überlangen Zehen befähigen es, auf diesem schwankenden Grund zu gehen, denn sie verteilen das Gewicht des amselgroßen Vogels auf eine größere Fläche. Die Küken des Blatthühnchens schlüpfen in einem schwimmenden Nest und können gleich gehen, schwimmen und tauchen. Sie werden ihr ganzes Leben auf Seerosenblättern zubringen, denn Jacanas sind ausgesprochen landscheu.

Der Schattenvogel, der wegen seines Federbusches am Hinterkopf auch Hammerkopf heißt, gilt bei abergläubischen Menschen als Unglücksbringer. Er ist ein charakteristischer Vogel Afrikas und mit Störchen und Reihern verwandt. Sein Nest ist ein riesiges Gebilde aus Holzknüppeln und Stroh und wird in monatelanger Bauzeit von einem Schattenvogelpaar errichtet.

Die Schwarzbauch- oder Steppenralle führt im Schilfröhricht ein verstecktes Dasein. Nur ihr lautes Rufen verrät ihre Anwesenheit. Die Rallen sind Sumpfbewohner, die mit langen kräftigen Zehen, die das Einsinken im Morast verhindern, durch den dichten Pflanzenwuchs von feuchten Wiesen oder Sümpfen schlüpfen.

Bei den Reihern

Reiher sind anmutige und gesellige Wasservögel. Sie bewohnen die Schilf- und Papyrussümpfe und teilen diesen Lebensraum mit den Sitatungas und den Schuhschnäbeln.

Der europäische Fischreiher, der auch Graureiher heißt, ist auch in Afrika heimisch. Die meisten Fischreiher jedoch, die an den afrikanischen Seen angetroffen werden, sind Wintergäste aus Europa. Das Federkleid dieser Reiherart ist hellgrau und den Kopf schmückt eine schwarze Federhaube. Auf Nahrungssuche watet der Graureiher schleichend durchs Seichtwasser oder steht stocksteif lauernd mit eingezogenem Hals im Sumpf. Auf der Jagd nach Maulwurfsgrillen und Heuschrecken entfernt er sich auch weit vom Wasser. Sein Nest baut er in der Reiherkolonie am Ufer.

Der Silberreiher hat ein wunderschönes reinweißes Gefieder und trägt zur Brutzeit besonders lange Schmuckfedern auf den Flügeln. Sein Wohngebiet ist das Röhricht, das die Seen grün umsäumt.

Der Rallenreiher ist ein kurzbeiniger Reiher mit cremefarbenem, lockerem Gefieder. Er ist zwischen den Papyrusstengeln zu Hause und ernährt sich vorzugsweise von Ruderfröschen. Bei Gefahr erstarrt er mit aufgerichtetem Hals in der sogenannten Pfahlstellung.

▲

Der Goliathreiher bewohnt die Papyrussümpfe, wo er getarnt durch sein dunkles Gefieder und geschützt vom Schatten des Schilfdickichts dem Fischfang nachgeht. Er ist ein Speerfischer, der die Beute mit seinem spitzen Schnabel einfach aufspießt.

Kuhreiher sind Begleiter der Büffel und anderer Weidetiere, die zum Suhlen ans Wasser kommen, denn sie leben von den Insekten, die die großen Tiere beim Weiden aufscheuchen. Im Röhricht, wo die Kuhreiher ihre Brutplätze haben, finden sie ihre Insektennahrung auch allein.

▼

Geschickte Fischfänger

Die Scherenschnäbel ziehen gemeinsam auf Beuteflug. Mit dem Unterschnabel „pflügen" sie im Tiefflug die Wasseroberfläche. Gelangt etwas Lebendiges zwischen die „Schere", so schließt sie sich blitzschnell um das Opfer, ohne daß der Scherenschnabel seinen Flug unterbrechen muß.

Der Afrikanische Schlangenhalsvogel schwimmt mit untergetauchtem Körper und nicht wie die Enten auf dem Wasser liegend. Nur der lange — namengebende — Hals und der spitze Kopf schauen heraus. Zum Fischfang taucht der Schlangenhalsvogel ganz unter, die charakteristische Halsschleife wird nach vorn „ausgefahren" und der spitze Schnabel kann sich wie ein Speer in das Opfer bohren.

Nach jedem Tauchgang sitzen die Schlangenhalsvögel mit ausgebreiteten Flügeln wie Wappenadler regungslos da: Sie trocknen ihre Flügel. Denn diese sind beim Tauchen nicht, wie bei den meisten tauchenden Vögeln, in schützenden „Gefiedertaschen" verborgen.

Kormorane sind entengroße, langhalsige Wasservögel. An Land gehen sie fast aufrecht wie die Pinguine, weil ihre Beine am torpedoförmigen Körper weit hinten angesetzt sind. Kormorane sind gute Schwimmer und Taucher: Sie treiben sich mit den kräftigen Ruderfüßen voran und können unter Wasser sogar mit den Flügeln rudern. Nach jedem Fischzug müssen sie nach Schlangenhalsvogelart die Flügel trocknen.

Die vielen Wasservogelarten finden in den afrikanischen Gewässern alle ihre Fischnahrung, weil keine Vogelart in der gleichen Wassertiefe, nach der gleichen Beutegröße und nach der gleichen Fangmethode fischt wie eine andere Art. Die Fischgründe sind unter den vielen Fängern in eng umgrenzte ökologische Felder aufgegliedert. Am interessantesten ist sicher die Auffächerung nach verschiedenen Fangtechniken (siehe Pelikan, Schreiseeadler, Eisvogel usw.).

▼

An den ostafrikanischen Seen sind mehrere Kormoranarten beheimatet. Sie sind gesellig und nisten in Kolonien auf Uferbäumen, die oft abgestorben sind, weil sie durch steigendes Wasser überflutet wurden. Diese mit Kormoranen, Löfflern und Ibissen bevölkerten Bäume gehören zum typischen Bild der ostafrikanischen Seenlandschaft mit ihrer einzigartigen Tierwelt.